INSTRUCTION PUBLIQUE.

ACADÉMIE DE STRASBOURG.

ACTE PUBLIC

POUR LA LICENCE,

PRÉSENTÉE

A LA FACULTÉ DE DROIT DE STRASBOURG,

ET SOUTENUE PUBLIQUEMENT

le samedi 21 août 1858, à midi,

PAR

EUGÈNE BENCKHARD,

de Kaysersberg (Haut-Rhin).

STRASBOURG,

TYPOGRAPHIE DE L. F. LE ROUX, RUE DES HALLEBARDES, 34.

1858.

A MON PÈRE ET A MA MÈRE.

A MON FRÈRE.

E. BENCKHARD.

FACULTÉ DE DROIT DE STRASBOURG.

PROFESSEURS.

MM. Aubry ✸, doyen . . . . . Droit civil français.
Hepp ✸ . . . . Droit des gens.
Heimburger. . . . . . . Droit romain.
Thieriet ✸ . . . . Droit commercial.
Schutzenberger ✸ . . . . Droit administratif.
Rau ✸ . . . . ⎫
Eschbach . . . . ⎬ Droit civil français.
Lamache ✸ . . . . Droit romain.
Destrais . . . . Procédure civile et Droit criminel.

Bloechel ✸, professeur honoraire.

Lederlin, ⎫
Marinier, ⎬ professeurs suppléants provisoires.

Bécourt, officier de l'Université, secrétaire, agent comptable.

MM. Thieriet, président de la thèse.
Schutzengerber, ⎫
Rau, ⎬ examinateurs.
Lederlin, ⎭

Ususfructus, ex eo die solum quo hæreditas conceditur, debetur;
tunc solum constituitur ususfructus, quum hæres eo frui potest. Item
si ex die ususfructus legetur, dies ejus nondum cedet, nisi cum dies
venit; posse enim usumfructum ex die legari et in diem constat (*Dig.*,
l. II, t. III, § 3). Non solum dies ususfructus ante aditam hæreditatem
non cedit, sed ne actio quidem de usufructu.

§ 2. *In quibus rebus usumfructum constituere possit.*

Ususfructus constituitur in omnibus rebus unde aliqua utilitas et
commoditas percipi potest, exceptis iis quæ primo usu consumuntur;
nam hæ res neque naturali ratione, neque civili recipiunt usumfructum : quo numero sunt vinum, oleum; utilitatis tamen causa senatus-
consulto cautum est, ut earum rerum quasi ususfructus legari posset,
remedio cautionis quam hæredi præstaret legatarius, se, finito usufructu, eamdem quantitatem ejusdem generis et qualitatis vel æsti-
mationem restiturum. Hanc cautionem a testatore remitti non licet.
Cautio quam præstat fructuarius efficit ut videatur proprietas apud
eum esse cui cautio præstita est, quamvis tamem rebus propriis,
non alienis, fructuarius utatur.

Quasiususfructus a vero differt, 1° quod non rei interitu finiatur
neque aliis modis, quibus verus ususfructus extinguitur, sed tantum
morte seu naturali seu civili legatarii, et eventu diei vel conditionis,
2° quod non caveat se usurum fruiturum boni viri arbitrio, sed tantum se, finito usufructu, restiturum eamdem quantitatem vel æsti-
mationem.

Sed quæritur, si vestium ususfructus concedatur, sitne ille verus,
an quasiususfructus? Justinianus (*Instit.*, l. II, § 2) ait, esse in ves-
timentis quasiusumfructum : contra dicit verum usumfructum esse
in vestibus, idem Justinianus (*loi* XV, § 4, *Dig.*, *De usufructu.* Quidam
doctores distinguunt æque : in vestibus verus ususfructus est, si earum
usumfructum ita legavit testator, ut tales restituantur quales, finito

ususfructu. Contra et quasi ususfructus vestium esse potest, si testator voluerit, ut finito usufructu, similes vestes vel æstimatio restituantur, eoque nomine cautio præstetur.

CAPUT II.

De juribus fructuarii.

Uti est ex re tantum percipere, quantum exigit necessitas; frui, omnia percipere quæ ex re proveniunt, sive ad necessitatem pertineant, sive ad utilitatem, sive ad voluptatem.

Fructus commune definitur : quidquid ex re nasci et renasci solet. Fructus sunt aut naturales, aut industriales, aut civiles : naturales sunt, quos terra sponte sua producit; industriales fructus sunt, qui cultura dati sunt, ut messes et legumina; fructus civiles, pensiones locatorum, omneque aliud ejusmodi commodum.

Interea quibusdam exemplis ostendimus qui fructus sunt :

Ædium usufructu legato, quicumque reditus est, ad usumfructuarium pertinet : quæque obventiones sunt ex ædificiis, ex areis et cæteris quæcumque ædium sunt. Unde etiam mitti eum in possessionem vicinarum ædium causa damni, infecti placuit; et jure dominii possessurum eas ædes, si perseveretur non caveri (*Dig.*, l. II, t. I, § 1).

Si fundus lapicidinas habet et lapidem cædere velit, vel cretifodinas, vel arenam quærere, his omnibus uti fructuarius potest, non minus ac fundi dominus, adeo quidem ut ipse lapicidinas vel cretifodinas instituere possit, si prædii conditio deterior inde non fuit.

Similiter fructus aucupiorum, venationum, piscationum ad usumfructuarium pertinent.

Silvam cæduam posse fructuarium cædere, sicut paterfamilias cædebat. Attamen non deberet fructuarius frugiferas arbores diruere vel deambulationes arboribus infructuosis consistas. In locum demortuarum arborum aliæ substituendæ sunt et priores ad fructuarium pertinent.

Ex silva cædua pedamenta et ramos ex arbore usufructuarium sumpturum : ex non cædua, in vineam sumpturum, dum ne fundum deteriorem faciat.

Usufructuarius thesaurum in fundo repertum non suum facit; etenim non agros habet ut ibi thesauros quærat, sed ut eos colat.

Seminarii fructus ad fructuarium pertinent, ita ut et vendere ei et seminare liceat : debet tamen conserendi agri causa seminarium paratum semper renovare, quasi instrumentum agri, ut finito usufructu, domino restituatur. Instrumenti autem fructum habere debet; vendendi tamen facultatem non habet. Nam si quis fundi ususfructus fecisset, ex quo palos vel salices, vel arundines haberet ad usum apta, eis usufructuario licet uti.

In fructu servi, sunt operæ servi, et ut fructuarius ex re sua et ex opera servi per eum acquirat. Partum ancillæ non possidet, quia non ancillæ ejus rei causa comparantur, ut pariant. Fœtus pecorum ad fructuarium pertinent, attamen ex adgnatis gregem supplere debebit, id est, in locum capitum defunctorum. Placuit alluvionem ad fructuarium pertinere; sed si insula juxta fundum in flumine nata sit, ejus usumfructum ad fructuarium non pertinet, licet proprietati accedat.

Fructuarius fructus suos facit, quum a re separati sunt et quum eos percepit; necesse est autem fructus aut ab ipso, aut ab aliquo ejus nomine percepti sint. Sic si fructuarius fundum locavit, ex quo colonus fructus percipit, pensiones præteriti temporis quamvis nondum exactas ad hæredem transmittit.

Sed si fur decerpsit fructus, conditio non fructuario pertinebit, sed domino, nam fructuarius fructus suos facit nisi ab eo percipiantur. Glans, quæ ex arbore cecidit non ad fructuarium pertinet.

Usufructuarius fructus suos facit quamvis immaturos, nam aliquandiu immaturi fructus magnam utilitatem usufructuario conferunt.

Fructuarius de ipsis rebus in quibus jus suum consistit, domini ad instar disponere non potest, nec rerum formam, nec destinationem ei mutare permittitur, etiamsi fortasse illæ fructuosiores redderrentur. Ergo ex pratis, in prædio fructuario non potest facere agros cultos; ex agris non potest facere piscinas, in ædibus, ex taberna, non potest facere cubiculum, quantumvis id utile videatur futurum proprietario. Attamen ædiqm usufructuarius potest immittere lumina, sed nequit transformare, vel conjungere, vel separare diætas.

Mancipiorum quoque usufructu legato non debet abuti, sed secundum conditionem eorum uti. Nam si librarium rus mittat, et qualum et calcem portare cogat, histrionem, balneatorem faciat, vel de symphoniaco atriensem, vel de palæstra stercorandis latrinis præponat, abuti videbitur proprietate (*Dig.*, l. VII, t. I).

Ususfructus potest donari, vendi, locari; quem enim si quis habeat et in alterum transferre possit, non interest proprietarii, ipsum uti fructuarium, vel ejus nomine alium, modo ipsi salva sit rerum substantia. Fructuarius tamen non suum jus cedere potest, quia cum persona sua expirat.

Occasione ususfructus, duæ creatæ actiones, una confessoria vocata, altera negatoria. Confessoria actio est civilis, arbitraria qua, quis aliqua re utendi, fruendi jus habere asserit. Sic formula, intentio concipitur : si paret jus utendi, fruendi mihi esse.

Hæc actio competit non solum adversus fundi dominum, sed etiam adversus possessorem vicinorum prædiorum qui plenam servitudinis fruitionem impedire tentarent. Ut victoriam obtineat, qui ex confessoria actione agit, necesse est ut probet sibi esse jus utendi, fruendi, et hac probatione peracta, distinguendum an actor possideat vel non possideat; si non possideat, judex adversarium rem et omnem causam restituere jubebit; si vero possideat, et adversarius fructuario vim faciat, hunc judex jubebit, ab ea vi abstinere. Prætor dedit quoque fructuario publicianam actionem et interdictam.

DROIT CIVIL FRANÇAIS.

DE L'USUFRUIT ET DES DROITS DE L'USUFRUITIER.

(*Code Napoléon*, l. II, t. III, art. 578 et 599.)

PARTIE I.

DE L'USUFRUIT EN GÉNÉRAL.

CHAPITRE I.

Définition de l'usufruit; sa nature.

La propriété est le droit le plus étendu et le plus complet que nous puissions avoir sur une chose. Qui dit propriétaire, dit maître dans le sens le plus absolu du mot. Ce droit, quelque puissant qu'il soit, est cependant susceptible de se diviser, car la propriété comprend plusieurs éléments dont chacun se réfère à l'un ou plusieurs des avantages que peut procurer la chose. Ces divers éléments peuvent se séparer et appartenir à des personnes différentes : alors on dit que la propriété est démembrée.

C'est parmi ces démembrements, qui sont susceptibles d'une appropriation particulière, d'une existence propre et séparée, que se place le droit usufruit, droit important et considérable. En combien d'oc-

2

casions, en effet, n'est-il pas utile de séparer le droit de propriété
de celui de jouissance? combien de donations, combien de ventes
faites avec réserve d'usufruit? combien de testaments où se trouvent
des dispositions de cette nature?

L'usufruit, dit l'article 578, est le droit de jouir des choses dont
un autre a la propriété, comme le propriétaire lui-même, mais à la
charge d'en conserver la substance.

Cette définition, empruntée au droit romain, exprime assez nette-
ment les caractères principaux de l'usufruit; cependant il ne faudrait
pas prendre à la lettre la disposition qui permet à l'usufruitier de
jouir comme le propriétaire lui-même, car elle signifierait que la
condition de l'usufruitier est en tous points semblable à celle du propriétaire. Or, cette prétendue assimilation n'existe point; car l'usufruitier ne jouit qu'à la charge de conserver la substance, tandis que
le propriétaire peut changer et modifier à son gré la chose qui lui
appartient.

C'est une question assez difficile, mais toutefois sans importance,
que celle de savoir si ces mots *à la charge d'en conserver la substance*
sont ou non la traduction du *salva rerum substantia* des *Institutes
de Justinien.* On a donné trois manières différentes d'interpréter ce
dernier texte : l'une est celle que reproduit l'article 578, à la charge
d'en conserver la substance, elle indiquerait une des principales obligations de l'usufruitier; la seconde indiquerait la durée de l'usufruit
en faisant connaître l'une des manières par lesquelles il prend fin,
savoir le changement de substance; la troisième enfin indiquerait que
l'usufruit véritable ne pourrait s'établir que sur des choses qui n'em-
porteraient pas une consommation immédiate.

Quoi qu'il en soit du sens de cette phrase, les trois idées par lesquelles on veut l'expliquer sont également vraies : il est vrai que
l'usufruitier est tenu de conserver la chose et de la maintenir dans
le même état; il est également vrai que l'usufruit s'éteindrait par la
destruction de la chose, et que dans les principes romains il s'éteignait

aussi par tout changement de la substance, *mutatione rei*; il est vrai, enfin, et évident par les termes mêmes, que les choses qui doivent se consommer par le premier usage qu'on en fera, ne sont pas susceptibles d'un usufruit véritable (Marcadé, t. II, p. 458).

Considéré en lui-même, l'usufruit est un droit réel qui met l'usufruitier en rapport direct et immédiat avec la chose sans l'intermédiaire d'un débiteur, et qui la lui rend propre dans la limite de son droit de jouissance. Par rapport au droit qu'a l'usufruitier de jouir d'un fonds appartenant à autrui, l'usufruit est une servitude personnelle.

Si les rédacteurs du Code ne se sont pas servis, comme les lois romaines, de l'expression de *servitude personnelle*, c'est par crainte de souvenirs qu'ils n'ont pas voulu rappeler, et non pas pour changer la nature de l'usufruit, qui est toujours une véritable servitude personnelle, en ce sens qu'il assujettit le fonds de l'un à la jouissance de l'autre.

Par rapport à l'objet auquel il s'applique, l'usufruit devient meuble, si l'objet est meuble; immeuble, s'il est immeuble. En ce dernier cas il est susceptible d'être hypothéqué.

Les jurisconsultes romains distinguaient deux sortes d'usufruit, l'un appelé *causal*, l'autre *formel*.

L'usufruit causal était le droit d'user et de jouir de sa propre chose, c'est-à-dire l'usufruit joint au *jus abutendi*. On l'appelait *causal*, parce qu'il était joint à sa cause : *causalis, quia causæ suæ, id est domino, junctus est*.

L'usufruit formel était celui qui, étant détaché de la propriété et attribué à une autre personne distincte du propriétaire, formait un droit particulier sur la chose d'autrui : on l'appelait formel, parce qu'il avait une existence propre : *dicitur formalis, quia propriam formam habet*.

Le Code n'a point reproduit cette distinction; il ne s'occupe que de l'usufruit formel.

De ces principes généraux découlent des conséquences qui peuvent servir à distinguer les différences qui existent entre l'usufruit d'une part, et le louage, l'emphytéose, l'usage d'une autre. L'usufruit et le louage offrent de grands points d'analogie; mais il y a aussi des différences sensibles. Ainsi, dans l'usufruit, les obligations du nu propriétaire se bornent à laisser jouir; car une servitude, étant due par la chose et non pas par la personne, ne peut de sa nature consister à faire, mais seulement à souffrir ou à s'abstiner de certains actes : dans le louage, au contraire, le bailleur est tenu de faire jouir le preneur. L'usufruit s'éteint par la mort de l'usufruitier, lors même qu'elle surviendrait avant le temps qui aurait été fixé : le bail, comme tout autre contrat, a une durée fixe; il passe aux héritiers du fermier. L'usufruitier prend la chose dans l'état où elle se trouve; le preneur peut exiger qu'elle lui soit livrée en bon état de réparations de toute espèce. L'usufruit, lorsqu'il est établi sur un immeuble, peut être hypothéqué, tandis que le droit, qui résulte du contrat de louage, n'est pas susceptible de servir de base à une hypothèque. Le preneur est soumis à une redevance annuelle; de telle sorte que ses obligations cessent si la chose louée vient à périr. L'usufruit peut être constitué à titre gratuit; il ne peut être constitué à titre onéreux que par l'effet d'une aliénation consentie par le propriétaire, aliénation dont le prix devrait toujours être payé, bien que la chose vînt à périr. L'usufruitier doit enfin donner caution; le preneur n'y est astreint qu'autant qu'il s'y est volontairement obligé.

L'usufruit a beaucoup de ressemblance avec l'emphytéose; mais il en diffère sous plusieurs rapports. Ainsi, le premier de ces droits s'éteint avec la personne en faveur de laquelle il est établi; le second, au contraire, n'est pas un droit établi en faveur de la personne seulement, mais aussi en faveur de ses représentants. L'emphytéose est un contrat à titre onéreux, tandis que l'usufruit peut être établi à titre gratuit et par testament. Généralement, l'emphytéose est sujette à une redevance annuelle payée au concédant en reconnaissance du droit de propriété et pour prix de la jouissance, redevance qui cesse quand la chose vient à périr ; l'usufruit, au contraire, lorsqu'il est établi à titre onéreux, est constitué moyennant un prix fixé pour toute la durée de la jouissance, prix qui doit toujours être payé, encore que l'usufruit vînt à s'éteindre, même par la perte de la chose avant l'échéance des termes fixés pour le paiement. L'emphytéose ne peut être établie que sur des immeubles, tandis que l'usufruit peut l'être sur toute espèce de biens.

L'usage enfin ressemble aussi, sous plusieurs points de vue, à l'usufruit ; il en diffère cependant sous beaucoup d'autres. L'usufruitier a droit à tous les fruits du fonds, tandis que l'usager n'a droit aux fruits que jusqu'à la concurrence de la mesure de ses besoins, d'où il suit que le droit d'usufruit ne peut être sans le droit d'usage, puisqu'il s'étend à toutes les commodités du fonds, et que le droit d'usage, au contraire, peut être sans celui d'usufruit, puisqu'il ne s'étend qu'à une partie du produit de l'héritage qui y est soumis.

CHAPITRE II.

Constitution de l'usufruit.

L'usufruit peut être établi par une disposition de la loi, ou par la volonté de l'homme.

Par la loi : il n'y a en réalité dans notre droit actuel qu'un seul cas d'usufruit légal, c'est celui que prévoit l'article 754, qui accorde au père ou à la mère qui succède à son enfant, en concours avec des collatéraux, autres que frères et sœurs ou descendants d'eux, l'usufruit du tiers des biens auxquels il ne succède pas en propriété. Mais on a coutume de citer encore comme droit d'usufruit : 1° la jouissance accordée aux père et mère sur les biens de leurs enfants, jusqu'à ce que ceux-ci aient l'âge de dix-huit ans accomplis, ou jusqu'à leur émancipation ; 2° le droit de jouissance qui résulte du fait du mariage, soit au profit de la communauté sur les biens des deux époux, s'ils ont adopté le régime de la communauté, soit au profit du mari seulement sur les biens de la femme, si les époux ont adopté le régime dotal.

Par la volonté de l'homme. Toute personne propriétaire d'une chose et ayant la capacité d'aliéner, peut constituer sur elle un droit d'usufruit, soit par testament, soit par acte entre vifs à titre onéreux ou à titre gratuit.

Ce mode de constitution offre une particularité que ne présente pas la propriété. On peut l'établir, soit en le conférant, soit en le déduisant; le conférer, c'est le donner à quelqu'un en retenant la propriété pour soi ou ses héritiers; le déduire, c'est transférer la nue propriété à quelqu'un en réservant l'usufruit pour soi ou pour ses héritiers.

Il faut aussi que la personne qui acquiert soit capable de recevoir. Ainsi le tuteur ne peut rien recevoir à titre d'usufruit de la part de son pupille, si le compte de tutelle n'a pas été préalablement rendu et apuré. Les docteurs en médecine et en chirurgie qui ont traité une personne pendant la maladie dont elle est morte, ne peuvent profiter des dispositions testamentaires qu'elle aurait faites en leur faveur durant cette dernière maladie, à moins qu'il ne s'agisse de dispositions rémunératoires à titre particulier et proportionnées aux facultés du disposant et aux soins rendus.

L'usufruit peut s'établir aussi par prescription. En effet, l'usufruit est un bien meuble ou immeuble, selon la nature mobilière ou immobilière de son objet; or les biens incorporels, les droits, sont susceptibles d'être possédés et d'être acquis par prescription, tout comme les biens corporels : «La possession,» dit l'article 2228, «est la détention ou la jouissance d'une chose ou d'un droit que nous tenons ou que nous exerçons par nous-mêmes ou par un autre qui la tient ou qui l'exerce en notre nom.» Donc la prescription s'accomplira par la possession du droit, c'est-à-dire par son exercice, immédiatement quand il s'agira de choses mobilières; et pour les choses immobilières, par dix ou vingt ans, s'il y a juste titre et bonne foi, et par trente ans dans le cas contraire.

A Rome, l'usufruit pouvait encore s'établir par jugement dans le cas où la chose était difficile à diviser : on adjugeait la propriété à l'un, l'usufruit à l'autre. Le Code Napoléon n'a pas donné le même pouvoir au juge. Si les immeubles ne peuvent pas se partager commodément, il doit être procédé à la vente par licitation, pour partager ensuite le prix de vente, ce qui est bien plus équitable que l'établissement d'un usufruit qui s'éteindrait par la mort de l'usufruitier.

Le titre constitutif d'usufruit doit réunir pour sa validité toutes les conditions que l'on exigerait pour la validité d'un titre constitutif de propriété.

Les actes translatifs de propriété sont soumis à la formalité de l'enregistrement : on prend pour base la moitié de la valeur de la nue propriété; en sont exemptés l'usufruit légal et l'usufruit des biens des époux pour la communauté. Si l'usufruitier veut faire purger son titre, en cas d'hypothèques antérieures, il devra le faire transcrire sur les registres de la conservation des hypothèques dans l'arrondissement duquel les biens sont situés.

La loi du 23 mars 1855, en ordonnant la transcription de tous les actes translatifs de propriété immobilière ou de droits réels susceptibles d'hypothèque, soumet l'usufruit à cette nouvelle formalité.

On peut établir un usufruit au profit d'une commune ou de toute autre personne morale; mais comme ces personnes fictives ne meurent pas, il a fallu choisir un terme. Les jurisconsultes romains n'étaient pas d'accord sur la fixation de ce terme. Caius disait qu'un tel usufruit devait durer cent ans : *Quia in finis vitæ longævi hominis est.* Ulpien, au contraire, voulait qu'il s'éteignît au bout de trente ans, et c'est ce terme que notre législateur a adopté. Plusieurs jurisconsultes enseignent que l'usufruit établi en faveur d'une commune ou de toute autre personne morale pourrait être prolongé au delà de trente ans, par la convention des parties ou par la volonté du constituant. Nous ne croyons pas devoir admettre cette doctrine; car elle donnerait au constituant la faculté de fixer pour l'extinction de l'usufruit une époque tellement reculée, qu'il en résulterait pour ainsi dire une division perpétuelle de la propriété, évidemment contraire à l'esprit général de la législation française.

CHAPITRE III.

Sous quelles modalités peut s'établir l'usufruit.

L'usufruit, dit l'article 580, peut être établi ou purement, ou à certain jour, ou à condition.

Purement, lorsque la constitution d'usufruit renferme ni terme ni condition; dans ce cas l'usufruit naît dès que la convention par laquelle on le constitue est formée, ou dès l'instant de la mort du testateur, s'il est établi par testament.

A certain jour, ce qui s'entend de deux manières : *ex die,* pour commencer au bout d'un certain temps; *ad diem,* pour finir à une époque déterminée.

Sous une condition suspensive ou résolutoire : suspensive, lorsque l'usufruit ne doit commencer qu'à l'événement d'une condition; résolutoire, lorsqu'il doit prendre fin si l'événement se réalise, par exemple, si tel vaisseau revient d'Asie.

Lorsque plusieurs personnes sont appelées successivement au droit d'usufruit, il existe entre l'usufruit établi à titre gratuit et celui qui est constitué à titre onéreux plusieurs différences. Ainsi, s'il est établi à titre gratuit, il faut que toutes les personnes soient conçues au moment de la donation, s'il s'agit d'une disposition entre vifs, ou à l'époque du décès du testateur, s'il s'agit de dispositions testamentaires. Il n'y a là aucune substitution prohibée, car il n'y a aucune charge de conserver et de rendre, puisque tous les gratifiés reçoivent en même temps des droits différents et distincts, les uns actuellement,

les autres sous condition. D'où il suit : 1° qu'il ne serait pas nécessaire que le second usufruitier acceptât la succession du premier pour
exercer lui-même son propre droit d'usufruit; 2° que s'il acceptait
la succession, il ne serait pas tenu à raison de cet usufruit, qui ne
lui proviendrait pas du défunt à aucune obligation de rapport.

Mais lorsque cet usufruit est constitué à titre onéreux, il n'est pas
nécessaire que toutes les personnes qui seraient appelées à en profiter
soient conçues au moment du contrat.

L'usufruit peut encore être constitué, soit par legs universel, soit
par legs à titre universel, et enfin par legs à titre particulier.

Le legs universel est la disposition testamentaire par laquelle le testateur donne à une ou à plusieurs personnes l'universalité de ses
biens.

Le legs à titre universel est une disposition par laquelle le testateur
lègue, soit une quote-part de tous ses biens, ou de la portion de
biens dont la loi lui permet de disposer, soit l'universalité de ses
immeubles ou de son mobilier, soit enfin une quotité fixe de l'universalité de ses immeubles ou de son mobilier.

Tous les legs auxquels ne s'applique ni la définition des legs universels, ni celle des legs à titre universel, sont des legs à titre particulier.

L'article 610 se sert de l'expression de *légataire universel d'usufruit;* c'est là une expression impropre, car le legs d'usufruit est
toujours particulier, puisqu'il ne donne jamais vocation au tout. Si la
loi distingue ces legs comme ceux de la pleine propriété, en universels,
à titre universel et à titre particulier, cette distinction n'a d'autre objet
que de déterminer les cas dans lesquels les légataires d'usufruit sont
tenus de supporter avec le nu propriétaire la charge des dettes qui
grèvent les biens soumis à l'usufruit, et de régler la mesure et le
mode de leurs obligations à cet égard.

18

CHAPITRE IV.

Quelles choses sont susceptibles d'usufruit.

L'usufruit, dit l'article 581, peut être établi sur toute espèce de biens meubles ou immeubles. Cependant, à proprement parler, tous les biens ne sont pas susceptibles d'un usufruit véritable, témoin les choses à se consommer par le premier usage. En effet, l'usufruit autorisant simplement l'usufruiter à jouir des choses, mais à charge de conserver la substance, ne pourrait s'exercer sur celles que le premier usage détruirait infailliblement; de ce nombre sont : les vins, les grains, l'argent monnayé, etc.... Cependant les rédacteurs du Code, inspiré par le droit romain, décidèrent qu'un quasi-usufruit pourrait être établi sur les choses qui se consomment par le premier usage.

L'usufruit proprement dit et le quasi-usufruit diffèrent sous plusieurs rapports. L'usufruit proprement dit ne confère à l'usufruitier qu'un simple démembrement du droit de propriété, le *jus utendi, fruendi,* sans le *jus abutendi;* le quasi-usufruit, au contraire, transfère au quasi-usufruitier non-seulement un démembrement du droit de propriété, mais la pleine propriété, c'est-à-dire le droit de disposer de la chose comme il l'entend. L'usufruitier doit rendre non pas une chose semblable à celle dont il a eu la jouissance, mais cette chose même; le quasi-usufruitier, au contraire, est tenu de rendre non pas les choses mêmes qui lui ont été livrées, puisqu'il les a reçues pour les consommer, mais des choses de même espèce et de même quantité.

L'usufruit établi sur les choses dont on peut faire usage sans les consommer, a beaucoup de ressemblance avec le prêt de consommation. Dans l'un et dans l'autre il y a transport de propriété des choses et leur substance est détruite par l'usage que l'on en fait : l'emprunteur et le quasi-usufruitier sont tenus de rendre des choses semblables à celles qu'ils ont reçues ou d'en payer le prix d'estimation. Ils diffèrent cependant sous plusieurs points : ainsi, l'usufruitier doit

toujours donner caution, tandis qu'aucune obligation de ce genre
n'est imposée de plein droit à l'usufruitier; le quasi-usufruit comme
l'usufruit véritable s'éteint avec la personne, tandis que le prêt passe
aux héritiers.

L'usufruitier peut établir un nouvel usufruit sur le sien : il y a
cette différence entre cette nouvelle constitution d'usufruit et la cession pure et simple qu'il ferait de son droit, que dans le premier cas
les droits du second usufruitier seront résolus par sa mort au profit
de celui de qui il les tenait, tandis que dans la cession pure et simple
les héritiers du cessionnaire continuent de jouir jusqu'à la résolution
du droit de l'usufruitier.

Quant aux servitudes réelles, quoiqu'elles soient aussi des biens,
elles ne sont cependant pas elles-mêmes susceptibles d'usufruit. C'est
qu'en effet ces servitudes ne sont pas des biens par elles-mêmes, elles
ne sont telles qu'en tant qu'elles restent unies à l'immeuble auquel
elles appartiennent. Donc, elles pourront être soumises à l'usufruit
comme et avec cet immeuble.

CHAPITRE V.

Obligations de l'usufruitier avant d'entrer en jouissance.

L'usufruitier doit avant d'entrer en jouissance faire dresser à ses
frais un inventaire des meubles et un état descriptif des immeubles
soumis à son usufruit. Ces deux actes peuvent être faits, soit par-
devant notaire, soit par acte sous seing privé; mais dans ce dernier
cas, il faut que les parties soient majeures.

Si l'usufruitier est entré en jouissance sans faire dresser inventaire,
la preuve de la consistance du mobilier pourra se faire par titres,
témoins et commune renommée. Quant aux immeubles, ils seront
présumés avoir été reçus en bon état. Les fruits appartiennent au
propriétaire jusqu'à ce qu'il y ait inventaire, à moins qu'il n'ait mis

l'usufruitier en possession, comptant sur sa bonne foi pour accomplir cette formalité (**MM.** Aubry et Rau, t. II, note 4).

On s'est demandé si un testateur, en léguant à une personne un droit d'usufruit, peut la dispenser de faire inventaire. Une distinction est ici nécessaire; la dispense sera valable s'il n'y a pas d'héritiers réservataires et si le testateur n'entend par là que faire remise à l'usufruitier de l'obligation et des frais d'inventaire; mais elle sera nulle si le testateur veut empêcher le nu propriétaire de faire inventaire à ses frais. En effet, en ce dernier cas il y aurait disposition testamentaire tout à la fois contraire aux bonnes mœurs et à l'ordre public; aux bonnes mœurs, en autorisant pour ainsi dire l'usufruitier à faire des soustractions frauduleuses; à l'ordre public, en empêchant le nu propriétaire de disposer de la succession échue; pourrait-il en disposer par donation? non, l'article 948 s'y oppose; par vente? qui voudrait acheter une propriété aussi précaire?

La seconde obligation que l'usufruitier doit remplir avant d'entrer en jouissance, c'est de garantir au moyen d'une caution qu'il jouira en bon père de famille. On ne prend pas pour base du cautionnement la valeur totale des biens, ce serait dépasser le but de la loi; on estime simplement la valeur des meubles sujets à soustraction ou à dépérissement, et les détériorations possibles des immeubles. L'usufruitier qui ne trouve pas de caution peut offrir à sa place un gage suffisant pour la garantie du propriétaire. Mais il se peut qu'il ne puisse donner ni une caution ni un gage suffisant. Que fera-t-on alors? lui remettra-t-on les biens? lui permettra-t-on d'en jouir? Ce serait compromettre le droit du propriétaire! Déclarera-t-on l'usufruit éteint? Ce serait punir l'usufruitier de sa pauvreté; car s'il ne trouve point de caution, c'est évidemment qu'il est peu solvable. La loi a trouvé le moyen de tout concilier. Elle retire à l'usufruitier l'exercice de son droit; mais elle lui en conserve l'émolument. Ainsi, les immeubles sont donnés à ferme. Si l'on ne trouve point à les affermer, on les met en séquestre. Les sommes comprises dans l'usufruit sont placées; les denrées sont vendues, et le prix qui en provient est également placé. Les prix des baux, les intérêts des sommes sont attribués comme fruits civils à l'usufruitier proportionnellement à la durée de son usufruit. A défaut de caution, le propriétaire peut également exiger que les meubles soient vendus lorsqu'ils dépérissent par l'usage. Cependant l'usufruitier peut demander, et les juges peuvent ordonner, suivant les circonstances, qu'une partie des meubles nécessaires à son usage lui soit délaissée sous sa simple caution juratoire, et à la charge de les représenter à la fin de l'usufruit.

L'usufruitier est dispensé de donner caution dans deux cas : 1° le père et la mère jouissant de l'usufruit légal de leurs enfants, 2° le donateur ou le vendeur sous réserve d'usufruit.

———

PARTIE II.

DES DROITS DE L'USUFRUITIER.

CHAPITRE I.

Des droits de l'usufruitier en général.

Les droits de l'usufruitier sont réglés par la loi; ils sont les mêmes de quelque manière que l'usufruit ait été établi par la loi ou par la volonté de l'homme. Dans ce dernier cas, pour bien apprécier les droits de l'usufruitier, il est nécessaire de consulter le titre constitutif. Les rédacteurs du Code avaient si bien senti cette nécessité, que l'article du projet correspondant à l'article 579 portait que l'usufruitier établi par la volonté de l'homme, se règle par le dernier titre qui le constitue. Si cette rédaction a été supprimée, c'est uniquement parce qu'elle paraissait supposer que les règles tracées par le Code ne s'appliquaient qu'à l'usufruit établi par la loi, et que l'usufruit résultant du fait de l'homme n'avait d'autres règles que celles qui étaient écrites dans le titre constitutif (Locré, t. VIII).

L'article 582 pose la règle fondamentale des droits de l'usufruitier, en disant qu'il a le droit de jouir de tous les fruits que peut produire l'objet dont il a l'usufruit. Prise à la lettre, cette disposition signifierait que l'usufruitier acquiert sur les fruits qu'il perçoit non pas un droit de propriété, mais un simple droit de jouissance, d'où il faudrait conclure qu'au lieu d'avoir le droit d'en disposer, il serait tenu de les capitaliser pour en rendre compte au nu propriétaire. Il est plus qu'évident que rien de semblable n'a lieu. L'usufruitier a le droit de jouir, non pas des fruits qu'il perçoit, mais de la chose qui les donne.

On entend par *fruits* les produits périodiques d'une chose, c'est-à-dire, tout ce qui naît et renaît périodiquement d'elle : *fructus est quidquid ex re nasci et renasci solet.*

La loi distingue trois sortes de fruits :

1° Les *fruits naturels :* ce sont ceux que la terre produit d'elle-même, spontanément et sans culture, comme les bois, le foin. Le produit et le croît des animaux sont également des fruits naturels.

2° Les *fruits industriels :* ce sont ceux que la terre ne produirait pas sans le travail de l'homme, par exemple, les blés, les légumes et les raisins.

3° Les *fruits civils,* c'est-à-dire des revenus que la chose ne produit pas, mais qu'on gagne à son occasion. Tels sont les loyers des maisons, les intérêts des sommes exigibles, les arréages des rentes et le prix des baux à ferme.

La distinction des fruits naturels et industriels d'une part, et des fruits civils d'autre part, est fort importante; car, tandis que les premiers ne s'acquièrent que par la perception, les seconds s'acquièrent jour par jour.

Les fruits naturels s'acquièrent par la perception, et ils sont réputés perçus, dès qu'ils sont séparés ou détachés de la chose qui les produit. De ce principe, que les fruits s'acquièrent par la perception, il resulte : 1° que l'usufruitier a le droit de percevoir les fruits pendants par branches et racines, au moment où l'usufruit s'est ouvert; 2° que le nu propriétaire devient maître de ceux qui sont dans le même état, au moment de sa rentrée en jouissance.

Une question qui divise en deux camps les auteurs et la jurisprudence, est celle de savoir si la vente de fruits sur pied faite par un usufruitier qui décède avant que l'acheteur ait fait la récolte reste valable. MM. Valette et Marcadé pensent qu'elle est nulle, et que l'acheteur n'a pas le droit de faire la récolte. MM. Aubry et Rau, Toullier et Duranton, pensent au contraire que la vente est valable, et que le nu propriétaire est tenu de la respecter. Cette opinion nous paraît plus fondée que la première ; car si les baux consentis sans fraude sont après la cessation de l'usufruit obligatoires pour le nu propriétaire, c'est évidemment que l'usufruitier, ayant le droit de jouir comme le propriétaire lui-même, a par là même le pouvoir de faire des actes d'administration. Or, si la vente des fruits a été faite de bonne foi, conformément à l'usage et aux époques habituelles, elle a alors tous les caractères d'un acte d'administration ; c'est même un acte moins étendu que le bail ; donc, *a fortiori,* il oblige le propriétaire. Quant au prix, ce n'est pas aux héritiers de l'usufruitier que l'acheteur le doit, car ce prix est la représentation des fruits sur lesquels l'usufruitier n'a acquis aucun droit.

Les fruits civils s'acquièrent jour par jour en proportion du temps que dure la jouissance. Chaque jour de jouissance confère donc à l'usufruitier la trois cent soixante-cinquième partie du prix annuel que doit payer le débiteur, sans considérer le terme du paiement. La redevance, après avoir couru à son profit pendant l'existence de l'usufruit, court, une fois l'usufruit éteint, au profit du nu propriétaire.

Cette règle est applicable aux loyers des maisons, aux intérêts des sommes exigibles, aux arrérages des rentes et même, ajoute l'article 186, aux prix des baux à ferme. C'est là une innovation heureuse du Code Napoléon, qui s'est complétement écarté de l'ancien droit, où les choses se passaient comme si l'usufruitier, au lieu d'exploiter le bien par un fermier, en avait joui lui-même, ce qui était plus conforme aux principes de la matière, mais offrait beaucoup de difficultés dans la pratique; maintenant, quand on voudra régler les droits du nu propriétaire et de l'usufruitier, il ne sera plus nécessaire d'avoir recours à des enquêtes, à des ventilations, à des expertises toujours longues, coûteuses et souvent incertaines.

CHAPITRE II.

Droits de l'usufruitier sur les choses qui se consomment par le premier usage.

Nous avons vu précédemment que les choses de consommation ne sont pas susceptibles d'un véritable usufruit, et qu'on le remplace pour elles par un quasi-usufruit, dans lequel le quasi-usufruitier acquiert la propriété même des choses, à la charge de rendre à la fin de son usufruit l'équivalent de ce qu'il a reçu.

Plusieurs systèmes se sont élevés sur la question de savoir en quoi consiste cet équivalent.

Dans le premier système, l'usufruitier peut, à son choix, rendre ou des choses semblables à celles qu'il a reçues, ou leur estimation d'après la valeur qu'elles avaient au moment où l'usufruit a été constitué. Ce système a contre lui un vice capital; il n'est pas équitable. Un usufruit a été constitué sur cent mesures de blé valant 1500 fr.; à la fin de l'usufruit la même quantité de blé ne vaut plus que 1000 fr. L'usufruitier qui peut, à son choix, rendre les cent mesures de blé valant 1000 fr., ou la valeur qu'avait le blé qu'il a reçu, c'est-à-dire 1500 fr., fera sa restitution en nature. Il a reçu une valeur de 1500 fr. et il se libèrera avec une valeur de 1000! Supposons, au contraire, qu'à la fin de l'usufruit les cent mesures de blé vaillent 2000 fr., il se gardera bien alors de faire une restitution en nature; il rendra une somme représentative de la valeur qu'avait, au moment où l'usufruit a été constitué, le blé qu'il a reçu. Ainsi de son côté toutes les chances favorables, et du côté du nu propriétaire toutes les chances contraires! Or, sur quel motif fondera-t-on la valeur qu'on lui accorde? Il est impossible d'en citer aucun. L'alternative qu'on lui laisse n'a point de raison d'être; elle est donc injuste.

M. Duranton, qui professe le second système, adoptant une distinction qu'il croit trouver dans la loi 7 du Digeste : *De usufructu earum rerum quœ usu consumuntur,* pense que si les objets soumis à usufruit ont été estimés lors de l'entrée en jouissance, l'usufruitier ne peut se libérer qu'au moyen du prix d'estimation; que si, au contraire, il n'y a point eu d'estimation, l'usufruitier est tenu de restituer d'autres objets de même quantité et qualité, sans pouvoir en offrir la valeur estimative. Cette distinction est contraire à la généralité des termes dont se sert l'article 587 (Aubry et Rau, t. II, p. 7).

Troisième système. L'usufruitier peut à son choix rendre ou des choses semblables à celles qu'il a reçues, ou leur estimation d'après leur valeur au moment de la cessation de l'usufruit. Ainsi c'est toujours la même valeur qu'il doit rendre; seulement il peut la rendre en nature ou en argent. L'alternative qu'on lui laisse ne blesse plus l'équité, car s'il a les bonnes chances résultant de la diminution de valeur, les chances contraires sont également de son côté. Ce troisième système, enseigné par MM. Aubry et Rau, est celui qui nous paraît le plus conforme aux principes de la matière.

L'article 587 ne s'applique pas uniquement aux choses qui se consomment par le premier usage; la théorie qu'il consacre peut également s'adapter aux choses fongibles, c'est-à-dire aux choses qui, bien ne se consommant point *primo usu,* peuvent être, d'après l'intention des parties, identiquement remplacées par d'autres.

Les choses qui se consomment par le premier usage qu'on en fait,

4

ne sont, en général, susceptibles que du quasi-usufruit. Quant aux choses qui ne se consomment point *primo usu,* on peut constituer sur elles soit un usufruit proprement dit, soit un quasi-usufruit. Les parties ont toute liberté à cet égard, et tout dépend de leur intention. La seule différence qu'il y ait entre les choses qui se consomment et celles qui ne se consomment pas *primo usu,* c'est que pour les premières l'usufruit que l'on constitue sur elles est, à raison même de leur nature, nécessairement présumé être un quasi-usufruit, tandis que pour les secondes, c'est la présomption contraire qui a lieu. Les parties qui établissent un usufruit sur les choses qui ne se consomment pas *primo usu* sont présumées n'avoir en vue que l'usufruit proprement dit ; mais si elles ont exprimé une intention contraire, leur convention fait loi entre elles, et on a alors un quasi-usufruit. Il n'est pas nécessaire que leur volonté soit manifestée expressément ; elle peut n'être que tacite, c'est-à-dire résulter des circonstances. Ainsi, si un commerçant a légué à quelqu'un son fonds de commerce, il est plus qu'évident qu'il a entendu lui léguer sur les marchandises un quasi-usufruit.

CHAPITRE III.

Des droits de l'usufruitier sur les biens qui, sans se consommer de suite, se détériorent peu à peu par l'usage.

Les principes qui règlent cette matière se trouvent dans l'article 589, qui est ainsi conçu :

« Si l'usufruit comprend des choses qui, sans se consommer de suite, se détériorent peu à peu par l'usage, comme du linge, des meubles meublants, l'usufruitier a le droit de s'en servir pour l'usage auquel elles sont destinées, et n'est obligé de les rendre à la fin de l'usufruit que dans l'état où elles se trouvent non détériorées par son dol ou sa faute. »

Ici, à la différence de ce qui a lieu dans le cas de l'art. 587, c'est un véritable usufruit qui s'établit ; le droit de jouissance appartient à l'un et la nue propriété reste à l'autre. L'usufruitier a donc le droit d'user des choses, et pourvu qu'il en ait fait un usage raisonnable et conforme à la volonté du constituant, il ne sera nullement responsable soit de l'état de dépréciation dans lequel elles se trouvent à la fin de l'usufruit, soit même de l'anéantissement total qui serait résulté de leur vétusté. L'usufruitier doit représenter en nature, à l'extinction de son droit, tous les objets soumis à son usufruit, et il n'est tenu d'aucune indemnité pour ceux qu'il prouve avoir péri, soit de vétusté, soit par des accidents de force majeure qu'il n'a pu prévenir ; mais il doit le prix de tous ceux pour lesquels il ne fait pas cette preuve. Cette solution ne résulte pas textuellement de l'article 589, mais elle ressort de la discussion qui a eu lieu au Conseil d'État. En effet, dans la rédaction primitive de cet article, un deuxième alinéa déclarait que si quelqu'une des choses se trouvait entièrement consommée par l'usage, l'usufruitier serait dispensé de la représenter. Tronchet fit alors observer qu'il était difficile que les choses fussent tellement consommées qu'il n'en restât absolument rien, et qu'en outre ce serait faciliter l'usufruitier à les soustraire à son profit, si on ne l'obligeait pas à représenter ce qui en reste (Locré, t. VIII).

L'usufruit sur les animaux peut être établi de deux manières différentes : soit sur un animal ou même sur plusieurs animaux considérés individuellement *(ut singuli)*, soit sur une agrégation d'animaux considérés dans leur ensemble *(ut universitatis)*.

Si l'usufruit est établi sur un animal ou sur plusieurs animaux considérés *ut singuli*, l'usufruitier a le droit de s'en servir pour l'usage auquel ils sont destinés ; il ne peut les louer, à moins que telle ne soit leur destination, comme des chevaux de louage ou de poste. L'usufruitier profite des fumiers et engrais, des laines et du croît, mais à charge de les nourrir et de les soigner tant en santé qu'en maladie. Il n'est aucunement responsable des détériorations qui peuvent résulter du service auquel il avait le droit de les employer, et si les animaux périssent soit de vieillesse, soit d'accidents, il n'est tenu envers le propriétaire que de lui rendre compte des cuirs ou de leur valeur.

Si l'usufruit est établi sur un troupeau, il doit être entretenu et maintenu dans son premier état, et, à cet effet, l'usufruitier doit employer au remplacement des têtes qui viennent à périr, non-seulement le croît à venir, mais encore les jeunes animaux nés antérieurement à la mort des têtes à remplacer (Aubry et Rau).

Lorsque le troupeau périt tout entier, l'usufruit s'éteint par la perte de la chose, et l'usufruitier, qui ne répond pas de cette perte, si elle est arrivée sans sa faute, est seulement tenu de rendre au propriétaire ce qui reste de la chose, c'est-à-dire les peaux des bêtes, les cuirs. Si l'usufruitier avait été obligé par les règlements de police d'enterrer les animaux morts, à cause de la maladie dont ils étaient frappés, il serait complétement libéré vis-à-vis du nu propriétaire en constatant ce fait.

CHAPITRE IV.

Des droits de l'usufruitier sur les rentes viagères et perpétuelles.

Les droits de l'usufruitier sur les rentes viagères avaient soulevé dans notre ancien droit de longues et de sérieuses controverses. Certains auteurs, et notamment Renusson, soutenaient que l'usufruitier ne pouvait pas recevoir les arrérages de la rente, attendu que, si cette rente était venue à s'éteindre pendant son usufruit, il aurait ainsi absorbé le fonds même de la chose; ils voulaient qu'on estimât, au commencement de l'usufruit, combien la rente pouvait valoir eu égard à l'âge et au tempérament de la personne par la mort de laquelle cette rente devait s'éteindre, et que le nu propriétaire payât chaque année à l'usufruitier l'intérêt de cette estimation, en se réservant les arrérages pour lui-même. D'autres allaient plus loin : ils permettaient bien à l'usufruitier de recevoir les arrérages; mais ils voulaient qu'à la fin de l'usufruit il restituât tous les arrérages qu'il avait reçus, en sorte que son droit d'usufruit n'aurait frappé que sur ces arrérages et lui aurait donné l'intérêt seulement de ces mêmes arrérages (Marcadé, p. 478).

Pothier faisait une distinction, il regardait si la rente était ou non établie sur la tête de l'usufruitier, et il donnait une décision différente pour l'un et l'autre cas. Ainsi, quant la rente était établie sur la tête du nu propriétaire ou de toute personne autre que l'usufruitier, il décidait que l'usufruitier avait droit à tous les arrérages, sans aucune restitution, attendu que cette possibilité de l'extinction de l'usufruit avant l'extinction de la rente suffisait pour que le droit ainsi accordé à l'usufruitier ne fût vraiment qu'un usufruit, et que la nue propriété du créancier de la rente fût quelque chose de réel (Pothier, *du Douaire*).

Quant, au contraire, c'était sur la tête même de l'usufruitier que la rente était établie, comme alors la mort de cet usufruitier devait éteindre la rente en même temps que l'usufruit, et que dès lors le droit donné à cet usufruitier de recevoir tous les arrérages aurait été véritablement la propriété même de la rente, Pothier décidait que la rente devant alors être absorbée par l'usufruitier, devenait une chose de consommation, laquelle dès lors n'était susceptible que d'un quasi-usufruit ; en conséquence, il voulait qu'on estimât combien cette rente pouvait valoir et que l'usufruitier n'en recueillît les arrérages que sous l'obligation de restituer à la fin de l'usufruit le montant de l'estimation (*Donation entre mari et femme*, n° 219).

Le Code Napoléon a tranché toutes ces controverses en disant que l'usufruitier d'une rente viagère a, pendant la durée de son usufruit, le droit d'en percevoir les arrérages, sans être tenu à aucune restitution. Ainsi, la rente s'éteint-elle pendant l'usufruit, l'usufruitier n'a rien à rendre ; subsiste-t-elle encore quand l'usufruit cesse, l'usufruitier la rend dans l'état où elle se trouve à cette époque.

Si l'usufruit est établi sur une créance remboursable dans un certein temps ou sur une rente perpétuelle, l'usufruitier a droit aux intérêts et aux arréages.

L'usufruitier d'une créance a le droit de recevoir les capitaux qui sont payés par les débiteurs et d'en donner quittance, et le débiteur, qui aurait ainsi payé entre les mains de l'usufruitier, serait à couvert de toutes les recherches de la part du nu propriétaire, dans le cas même où l'usufruitier viendrait à décéder insolvable.

CHAPITRE V.

Des droits de l'usufruitier sur ler biens immeubles.

§ 1. *Règles communes à l'usufruit de tous les immeubles, quel qu'en soit le mode d'exploitation.*

Quand le fonds soumis à usufruit est limité ou traversé par un cours d'eau, l'usufruitier a le droit de pêche à l'exclusion du nu propriétaire; il jouit de l'augmentation survenue par alluvion, mais il ne profite pas de l'île qui viendrait à se former dans le lit de la rivière.

L'usufruitier jouit des droits de servitude, de passage, et généralement de tous les droits dont jouirait le propriétaire lui-même. Ce n'est pas seulement un droit pour l'usufruitier de jouir des servitudes attachées au fonds; c'est aussi un devoir, et s'il les laissait s'éteindre en n'en usant pas, il en serait responsable vis-à-vis du propriétaire; car il est tenu de veiller à la conservation de la chose et au maintien des droits de ce propriétaire, comme le prouve l'article 914. Il serait responsable également des servitudes qu'il laisserait s'établir par prescription.

L'usufruitier doit souffrir l'exercice de toutes les servitudes établies au moment de l'ouverture de l'usufruit; mais le propriétaire ne pourrait pas en établir de nouvelles sans le consentement de l'usufruitier, car le droit de jouissance de ce dernier se trouverait évidemment gêné et diminué.

De la faculté accordée à l'usufruitier de donner à ferme les biens sujets à l'usufruit.

L'usufruitier n'est pas toujours en position d'exploiter par lui-même les biens soumis à son droit d'usufruit; mille causes peuvent l'en empêcher, sa jeunesse, son grand âge, le manque d'argent, une absence, des fonctions publiques, etc. La loi a dû, en conséquence, et afin que les biens ne restent pas improductifs en ses mains, lui permettre d'en jouir par l'intermédiaire d'un autre. Cependant lorsqu'il donne à ferme, la loi l'assujettit, pour les époques où il doit renouveler les baux et pour leur durée, aux règles tracées pour les maris à l'égard des biens de leurs femmes, parce que n'ayant qu'un droit résoluble, il ne conviendrait pas qu'il pût par des baux passés à long terme, annuler ou atténuer les droits du propriétaire.

Si donc l'usufruitier a fait des baux pour plus de neuf ans, ces baux ne seront obligatoires vis-à-vis du propriétaire que pour le terme qui restera à courir, soit de la première période de neuf ans, si les parties s'y trouvent encore, soit de la seconde si la première est écoulée, et ainsi de suite, de manière que le fermier n'ait que le droit d'achever la période où il se trouve. Par cette raison on lui interdit également le droit de passer ou de renouveler des baux plus de trois ans avant l'expiration du bail courant, et plus de deux ans avant la même époque, s'il s'agit de maisons. Outre la faculté de donner à ferme, l'usufruitier peut encore rendre ou céder son droit. L'usufruit, en effet, appartient à l'usufruitier comme la nu propriété au nu propriétaire; cet usufruit est son bien, et dès lors il a le droit d'en disposer comme d'une chose qui lui appartient, d'où il résulte qu'il peut aliéner le droit d'usufruit lui-même.

L'usufruitier est, en tous cas, responsable des faits de celui qu'il s'est substitué, et demeure garant envers le propriétaire de l'exécution des obligations résultant du titre constitutif de l'usufruit.

L'usufruitier, comme nous l'avons vu, a un droit dans la chose, *jus in re,* et par suite, une action réelle contre tout détenteur de cette chose, même contre le propriétaire. Une fois mis en jouissance, il n'est pas seulement détenteur, mais véritable possesseur; il possède *pro suo* comme propriétaire. On doit, en conséquence, lorsqu'il s'agit d'un fonds, lui reconnaître les actions possessoires, c'est-à-dire l'action en complainte, pour se maintenir dans sa possession, en cas de trouble, et l'action en réintégrande pour recouvrer cette possession. En cas de vol, il a contre le voleur et ses complices l'action en revendication.

§ 2. *Droits de l'usufruitier sur les terres, prés, etc.*

Si l'usufruit est établi sur une terre labourable, il est nécessaire de distinguer si le fonds est cultivé par l'usufruitier lui-même, ou s'il est affermé. Dans le premier cas, l'usufruitier a droit aux fruits pendants par branches ou par racines, au moment où l'usufruit est ouvert (art. 185). Ainsi, si une partie de la récolte est coupée à l'ouverture de l'usufruit, la partie coupée appartient au nu propriétaire, et celle qui ne l'est point à l'usufruitier. Quant aux fruits qu'il a lui-même préparés par ses semences et par les travaux accomplis à ses frais, la règle est la même. S'il a fait la récolte pendant que son usufruit existait encore, la récolte lui appartient. Est-elle pendante par branches ou racines quand son droit cesse, elle appartient au propriétaire.

L'usufruitier ne doit aucune indemnité au propriétaire à raison de la récolte qu'il a trouvée préparée au moment où l'usufruit a pris naissance, et réciproquement, le propriétaire ne lui en doit aucune pour la récolte qu'il a trouvée pendante, quand l'usufruit a cessé. C'est une exception au principe, qu'on n'acquiert les fruits qu'à la charge de rembourser les frais de labour, travaux, etc., faits par des tiers; l'équité n'est pas blessée, puisque les chances de perte sont pour chacune des parties compensées par des chances égales de gain.

Il n'en serait pas ainsi si les frais de labour et autres avaient été faits, non par le propriétaire ou l'usufruitier, mais par un tiers. L'article 585 prévoit le cas où le fonds est cultivé par un colon partiaire. Le colon partiaire est celui qui cultive à ses frais le fonds d'autrui, sous la condition de partager avec le propriétaire les fruits qu'il en retire.

Le colon a-t-il été établi sur le fonds par le propriétaire avant la constitution d'usufruit, l'usufruitier, qui prend la chose dans l'état où elle se trouve, succède aux droits du propriétaire : le colon garde la portion de fruits à laquelle il aurait droit s'il était encore en rapport avec le propriétaire; l'autre portion, celle à laquelle la propriétaire aurait droit s'il avait conservé la pleine propriété, est attribuée à l'usufruitier.

Est-ce par l'usufruitier et pendant la durée de l'usufruit que le colon partiaire a été établi, le propriétaire, qui est obligé de respecter les baux faits par l'usufruitier, prend sa place : c'est à lui qu'est attribuée la portion de fruits que s'était réservée l'usufruitier; l'autre portion reste au colon.

Dans le second cas, le bail convertit les fruits naturels en fruits civils, qui s'acquièrent jour par jour. Le prix du bail étant divisé en trois cent soixante-cinq parties, l'usufruitier acquiert autant de parties que son droit d'usufruit a duré de jours pendant la durée du bail. Ainsi, l'usufruitier et le bail ont-ils duré ensemble cinquante jours, l'usufruitier a droit à 50/365 du prix de bail : il n'y a pas à distinguer si pendant ce temps la récolte a été ou n'a pas été faite.

§ 3. Droits de l'usufruitier sur les bois.

Les bois sont considérés tantôt comme des fruits et tantôt comme un capital réservé. Ils ont le caractère de fruits lorsqu'ils sont en coupes réglées, c'est-à-dire lorsqu'ils sont destinés à être coupés à des époques périodiques; dans le cas contraire, la loi les considère comme un capital auquel l'usufruitier ne doit pas toucher.

Le Code s'occupe d'abord des bois taillis qui sont de leur nature de véritables fruits, car ils naissent et renaissent périodiquement, et plusieurs fois dans la vie de l'homme. L'usufruitier d'un bois tailli doit observer l'ordre et la quotité des coupes, conformément à l'aménagement ou à l'usage constant des anciens propriétaires.

On appelle *aménagement* le règlement qui distribue une forêt en plusieurs cantons, et qui désigne ceux destinés pour la coupe et ceux mis en réserve.

S'il n'y a pas d'aménagement fait par le propriétaire, la loi veut alors qu'il exploite selon l'usage constant des propriétaires. Par exemple, si l'usage des propriétaires était de couper en totolité un bois tous les dix ou quinze ans, il n'y aurait pas là un aménagement, mais un usage qui tiendrait lieu d'aménagement. S'il était arrivé que le dernier propriétaire eût adopté un aménagement contraire à l'usage ou à l'aménagement suivi par ses prédécesseurs, ce serait ce nouvel aménagement que l'usufruitier devrait observer; car il jouit comme le propriétaire, c'est-à-dire comme le propriétaire jouissait à l'époque où l'usufruit s'est ouvert (Paris, 22 juillet 1812).

Cependant si le dernier propriétaire n'a été qu'un dissipateur, ou s'il a dégradé sa propriété par des coupes intempestives, l'usufruitier ne peut point et ne doit point prendre pour modèle de sa jouissance l'administration qui a précédé la sienne, car s'il doit conformer sa jouissance à celle du propriétaire, ce n'est qu'autant que cette jouissance était celle du bon propriétaire. Dans ce cas, l'usufruitier, ne pouvant pas et ne devant pas jouir comme le propriétaire lui-même, doit se conformer à l'usage constant de ceux qui possèdent des bois taillis dans la même localité.

Du principe que l'usufruitier doit observer l'aménagement ou l'usage constant du propriétaire, il résulte qu'il ne peut faire des coupes par anticipation; s'il avait fait une coupe anticipée et que l'usufruit se fût éteint avant cette époque, il serait tenu d'en restituer le prix au propriétaire, sans préjudice des dommages-intérêts pour le tort causé par cette anticipation (Duranton, t. IV, p. 315).

Si les bois de haute futaie ont été mis en coupe réglée, l'usufruitier ne peut en jouir qu'à la condition d'observer l'usage des anciens propriétaires, pour l'ordre et la quotité des coupes, soit que ces coupes se fassent périodiquement sur une certaine étendue de terrain, soit qu'elles se fassent d'une certaine quantité d'arbres pris indistinctement sur toute la surface du domaine. L'usufruitier n'acquiert la propriété des arbres qu'au fur et à mesure qu'il les coupe; encore faut-il qu'il les coupe à l'époque où ils doivent l'être; car il ne peut pas par des anticipations irrégulières acquérir des bénéfices que son droit ne comporte pas. Si l'usufruitier a négligé de faire des coupes qu'il aurait pu légitimement faire, il ne lui est dû aucune indemnité par le propriétaire.

Cette règle cependant souffre exception : si c'est pas le fait du propriétaire ou par suite d'une contestation sur la propriété que l'usufruitier a été empêché de procéder à la coupe, il a le droit, même après l'extinction de son droit, de la faire. M. Delvincourt pense qu'il en est de même dans le cas où l'exploitation n'a pas eu lieu par suite d'une force majeure, d'une inondation, par exemple.

Quant aux hautes futaies qui n'ont pas été mises en coupes réglées, l'usufruitier n'a pas le droit d'y toucher. Il ne lui est pas même permis de couper pour son chauffage des arbres couronnés. Cependant s'il existe dans le domaine sujet à usufruit des bâtiments en souffrance, il peut employer à les réparer les arbres arrachés ou brisés par accident. Il peut même pour cet objet en faire abattre s'il est nécessaire, mais à charge d'en faire constater la nécessité par le propriétaire. De même il est autorisé à prendre dans les bois les échalas pour les vignes qui se trouvent comprises dans son usufruit.

L'usufruitier qui a fait abattre indûment des arbres de haute futaie doit indemniser le propriétaire; cette indemnité n'est exigible qu'à la fin de l'usufruit, car l'usufruitier ayant le droit de jouir jusque-là des futaies, doit avoir la jouissance du montant de l'indemnité qui en est la représentation (Paris, 12 décembre 1811).

La jouissance des arbres fruitiers consiste uniquement dans la perception des fruits; l'usufruitier n'a pas le droit de détruire ces arbres. Néanmoins la loi lui attribue, comme une indemnité de la perte qu'il éprouve, ceux qui meurent ou qui sont arrachés ou brisés par accident. Il existe donc sous ce rapport une différence entre les arbres fruitiers et les arbres de haute futaie non mis en coupe réglée, puisque l'usufruitier n'a de droit sur ces arbres qu'en certains cas. Cette différence vient : 1° de ce qu'on a cru devoir indemniser l'usufruitier du dommage que lui cause la perte d'un arbre fruitier, tandis que les bois des forêts ne produisant presque rien, leur perte n'occasionne à l'usufruitier qu'un faible dommage; 2° de ce que le législateur a pensé qu'en accordant à l'usufruitier des droits sur les arbres de haute futaie qui meurent, il serait porté à les détruire. On ne pouvait concevoir cette crainte à l'égard des arbres fruitiers, car en les détruisant l'usufruitier se nuirait à lui-même.

§ 4. Droits de l'usufruitier sur les mines, carrières et tourbières.

Les fruits, comme nous l'avons dit, sont les produits qui naissent et renaissent d'une chose; suivant cette définition on ne devrait pas considérer comme fruit les pierres qu'on retire des carrières, car le terrain n'en reproduit pas d'autres à la place. Cependant, par analogie, la loi déclare fruits les produits des mines ou carrières en exploitation, produits dont profite l'usufruitier puisqu'il jouit comme le propriétaire. Mais il n'a aucun droit aux mines ou carrières qui ne sont pas encore ouvertes.

Après avoir posé le principe que l'usufruitier jouit de la même manière que le propriétaire des mines et carrières qui sont en exploitation à l'ouverture de l'usufruit, le Code ajoute : « Néanmoins l'usufruitier ne pourra jouir de la mine et l'exploiter, qu'après en avoir obtenu la permission du gouvernement. Mais, peut-on dire, puisque la mine était déjà en exploitation au moment où l'usufruit a été constitué, le propriétaire en avait donc obtenu la concession ! Dès lors, à quoi bon une concession nouvelle pour l'usufruitier? Celui-ci n'est-il pas l'ayant cause du propriétaire, et à ce titre n'a-t-il pas succédé à ses droits? Cette difficulté s'explique historiquement. A l'époque où le Code a été fait, les concessions de mines étaient personnelles au concessionnaire : vendait-il son droit d'exploitation, venait-il à mourir, son ayant cause ne pouvait continuer l'exploitation qu'après avoir obtenu du gouvernement une concession nouvelle. De même lorsque le propriétaire concessionnaire de la mine constituait un droit d'usufruit sur le terrain dans lequel elle se trouvait, l'usufruitier ou son ayant cause devait, pour être en droit de continuer l'exploitation, obtenir une permission du gouvernement. Aujourd'hui la concession d'une mine, au lieu d'être personnelle comme autrefois, est perpétuelle en ce sens qu'elle est transmissible à tous les ayants cause du concessionnaire qui l'a obtenue; l'usufruitier, par conséquent, n'est plus obligé d'obtenir du gouvernement l'autorisation de continuer l'exploitation.

Si un usufruit a été constitué sur des biens dans lesquels se trouve une mine exploitée non pas par le propriétaire, mais par un tiers qui en a obtenu la concession, l'usufruitier n'acquiert pas le droit d'exploitation, puisque le propriétaire ne l'avait pas lui-même; mais comme c'est à lui, usufruitier, qu'appartiennent les fruits civils de la mine, c'est lui qui, pendant la durée de son usufruit, percevra la redevance annuelle adjugée au propriétaire. Si la concession de la mine a eu lieu pendant l'usufruit, l'usufruitier n'a aucun droit sur la redevance, puisqu'il n'a aucun droit sur les mines qui n'étaient pas en exploitation quand son usufruit a pris naissance; mais il pourra demander une indemnité pour la perte de jouissance que lui cause l'établissement de la mine.

L'usufruitier pourrait ouvrir une carrière pour en extraire les matériaux nécessaires aux réparations dont il est tenu.

Quant au trésor découvert pendant la durée de l'usufruit, il est évident que l'usufruitier n'y a aucun droit; car non-seulement la terre n'en reproduit pas, mais ce n'est pas elle-même qui l'a produit, elle n'en était que dépositaire. Cependant si c'était l'usufruitier qui l'eût trouvé, il en aurait la moitié par droit d'invention.

CHAPITRE VI.

Des rapports de l'usufruitier avec le propriétaire.

Le propriétaire n'est point tenu de faire jouir l'usufruitier, mais il doit s'abstenir de tous actes qui pourraient l'entraver dans l'exercice de son droit. C'est ce que dit en ces termes l'article 599 : «Le propriétaire ne peut, par son fait, ni de quelque manière que ce soit, nuire aux droits de l'usufruitier.» Ainsi, il ne lui est point permis de faire des constructions nouvelles ou de détruire celles qui existent; il n'a pas même le droit de changer la destination du fonds sujet à l'usufruit. De son côté, l'usufruitier, qui doit jouir en bon père de famille et conserver la substance sujette à usufruit, doit s'abstenir de tous les actes qui auraient pour effet de la détruire en tout ou en partie, ou qui en modifierait la forme ou la destination. Cependant la Cour d'Orléans a jugé que l'usufruitier d'un terrain planté en vignes n'est pas tenu de replanter ces vignes lorsqu'elles viennent à dépérir par vétusté, et qu'il peut les arracher et convertir le sol en terres labourables; la Cour se fonde sur ce «que ce serait imposer à l'usufruitier une charge exorbitante que de l'astreindre à replanter une vigne ainsi détruite par la force du temps, et de plus une chose impraticable, puisque la terre, qui a ainsi supporté de la vigne, ne peut plus être replantée qu'après un repos de plusieurs années» (Arrêt du 6 janvier 1848).

L'usufruitier doit rendre la chose sans pouvoir réclamer aucune indemnité pour les améliorations qu'il a pu faire : cette disposition de la loi qui, au premier abord, paraît blesser l'équité, se justifie parfaitement : en effet, il serait souverainement injuste de forcer le pro-

priétaire à supporter des dépenses qui pourraient lui être très-oné-
reuses, et que, d'ailleurs, il pouvait ne pas avoir l'intention de faire;
d'ailleurs, si l'usufruitier a ainsi amélioré la chose, c'est qu'il a sup-
posé trouver une indemnité suffisante dans une jouissance soit plus
productive, soit plus agréable. La loi a permis, toutefois, à l'usufruitier ou à ses héritiers d'enlever les glaces, les tableaux et autres
ornements qu'il aurait pu faire placer, mais à la charge de rétablir
les lieux dans leur premier état.

Ce que nous venons dire ne s'applique qu'aux simples améliorations
et nous amène à une question fort controversée, celle de savoir si
les constructions faites par l'usufruitier doivent être régies par l'article 555 ou par l'article 599. Nous croyons que c'est ici l'article 555
qui est applicable : en effet, l'article 599 ne parle que des améliorations; or, ce mot a un sens restreint, et il serait impossible de
l'appliquer à des bâtiments construits sur un sol nu; améliorer, c'est
seulement rendre plus agréable ce qui existe.

La principale objection contre ce système et celle qui consiste à
dire que le Droit romain et notre ancienne jurisprudence ne permettaient pas à l'usufruitier de demander indemnité pour constructions par lui faites.

L'autorité de l'histoire peut servir à maintenir dans la jurisprudence actuelle les errements du passé, lorsque la règle que l'on veut
établir se recommande par l'évidence de sa sagesse; mais il est impossible d'admettre dans le présent et sous le seul prétexte qu'on la trouve
pratiquée dans notre ancienne jurisprudence et dans le Droit romain,
une doctrine qui, d'une évidente injustice, n'a plus de raison d'être
aujourd'hui. Sur quoi se fonde-t-on en effet, pour ne pas donner à
l'usufruitier d'indemnité? Sur la maxime de Droit romain, *donasse
videtur;* or, cette maxime fausse et inique a été rejetée par le Code
pour le constructeur de mauvaise foi, et on voudrait l'appliquer à
l'usufruitier, qui est bien moins coupable que le ravisseur de la chose
d'autrui (Duranton, IV, n° 379; Duvergier sur Toulier, II, p. 172).

INSTRUCTION CRIMINELLE.

DES PERSONNES QUI PEUVENT COMMETTRE DES DÉLITS.

La constitution, en reconnaissant que tous les Français sont égaux devant la loi, reconnaît par là même que tous les citoyens sont susceptibles de l'application de la loi pénale. Ni les titres, ni les rangs, ni l'état ou la condition n'établissent de différence. Les nobles sont égaux aux non nobles, les ecclésiastiques aux laïcs; les peines dans les mêmes cas sont les mêmes. Toutefois deux exceptions ont été consacrées par le droit constitutionnel et politique; la première en faveur de l'empereur dont la personne est sacrée et inviolable, la seconde en faveur des sénateurs et des députés qui, en discutant et votant les lois, ne peuvent commettre de délit.

Les ambassadeurs et les ministres étrangers ne sont pas soumis à la loi française pour les actions qu'ils commettent en France, lors même que ces actions sont incriminées par nos lois pénales. Le premier de tous les priviléges d'un ambassadeur, c'est d'être inviolable, car l'envoyé qui aurait à craindre pour sa liberté ou pour sa sûreté, ne pourrait convenablement remplir sa mission. Si un crime ou une infraction quelconque a été commise par un ambassadeur ou un ministre, il doit être remis à son propre souverain, pour que justice soit faite conformément à la loi nationale du coupable. Cependant l'État a le droit de prendre contre lui toutes les mesures nécessaires pour s'abriter contre d'ultérieures infractions, et, parmi ces mesures, qui ne peuvent être prises que par l'autorité supérieure, se trouvent la plainte au souverain du ministre, la demande de son rappel, et si cette demande de rappel n'était pas accueillie, l'expulsion hors des frontières.

Les étrangers qui ne résident pas en France ne sont pas soumis à nos lois, car elles ne peuvent atteindre les actions pénales qui sont commises hors du territoire. Si, au contraire, les étrangers résident en France, ils sont soumis à nos lois pénales, car les lois de police et de sûreté obligent tout le monde. «Il ne peut à cet égard,» dit Portalis, «exister aucune différence entre les citoyens et les étrangers. Un étranger devient sujet casuel du pays dans lequel il passe ou dans lequel il réside. Dans le cours de son voyage ou pendant le temps plus ou moins long de sa résidence, il est protégé par cette loi, il doit donc la respecter à son tour. L'hospitalité appelle et force sa reconnaissance. D'autre part chaque État a le droit de veiller à sa conservation, et c'est dans ce droit que réside la souveraineté. Or, comment un État pourrait-il se maintenir s'il existait dans son sein des hommes qui puissent impunément enfreindre sa police et troubler sa tranquillité? Le pouvoir souverain ne pourrait remplir la fin pour laquelle il est établi, si des hommes étrangers étaient indépendants de ce pouvoir.»

Ainsi, tous les Français et tous les étrangers résidant en France peuvent commettre des délits, pourvu qu'ils puissent leur être imputés. Pour qu'un délit soit imputable à celui auquel on l'attribue, trois conditions sont nécessaires : il faut d'abord qu'il ait agi sciemment, puis, qu'il ait eu l'intention de le commettre, et enfin qu'il ait été libre de le commettre.

Pour qu'il ait agi sciemment, il faut, d'une part, qu'il ait connu la loi, et d'autre part la raison nécessaire pour discerner le mérite ou le démérite de son action.

En principe général, il n'est peut-être pas nécessaire pour qu'une loi soit applicable, qu'elle soit connue de ceux qui la violent, il suffit qu'elle soit réputée connue. La justice et l'équité demandent cependant qu'on accepte des exceptions à cette règle. En effet, il serait trop sévère d'appliquer des peines souvent irréparables à des faits qui ont été commis par des personnes, dans la croyance où elles étaient qu'elles ne se mettaient pas en opposition avec la loi. Il est d'ailleurs des circonstances où l'ignorance d'une loi violée écarte toute idée de crime ou de délit, tel serait le cas où de nouvelles lois maritimes seraient portées; il est évident qu'elles ne pourraient être réputées connues des personnes qui seraient en mer à l'époque de la promulgation dans le délai fixé par l'article 1er du Code Napoléon.

Ce que nous venons de dire est surtout applicable aux étrangers. En effet, comme dit Pascal, on ne voit presque rien de juste et d'injuste qui ne change de qualité en changeant de climat. Trois degrés d'élévation du pôle changent la jurisprudence. Un méridien décide de la vérité. En peu d'années de possession, les lois fondamentales changent. Le droit a ses époques. Vérité en deçà des Pyrénées, erreur au delà.

La loi ne pouvant frapper que ceux qui la violent sciemment, il en résulte qu'elle ne peut atteindre ni les enfants qui n'ont pas encore l'âge de raison ou qui agissent sans discernement, ni les insensés.

A la condition de discernement exigé dans l'auteur d'un délit se rattachent les discussions fameuses soulevées sur la criminalité, sur la culpabilité des actes commis soit en état d'ivresse, soit en état de somnambulisme, soit enfin dans l'état qu'on appelle généralement *état de monomanie.*

Relativement à l'acte commis en état d'ivresse, il n'y a rien de plus discordant, rien de plus divergent que les opinions, ou plutôt les décisions émises relativement à ces actes par les diverses législations auxquelles nous pouvons recourir.

Ainsi nous trouvons dans les lois romaines quelques textes qui considèrent l'ivresse comme une sorte d'excuse, une cause d'atténuation de la peine encourue. Ces textes ne prononcent pas sans doute l'impunité d'un tel fait, mais tous paraissent voir dans l'ivresse une cause d'atténuation ou d'excuse. En Allemagne l'ivresse est tantôt une cause complète d'impunité, tantôt un simple motif d'excuse. En Angleterre, au contraire, l'ivresse est plutôt une cause d'aggravation de la peine que d'atténuation. Quelque complet que soit sur une question si grave le silence du Code pénal, nous ne savons pas si aujourd'hui nous devons, nous pouvons en faire un reproche aux rédacteurs de ce Code; nous ne savons pas si, après tout, le silence de la loi sur une question de cette nature n'est pas le parti le plus sage que peut prendre le législateur dans des questions qui varient à l'infini selon la diversité des faits, et qu'il est bien difficile d'embrasser dans la généralité d'une règle commune.

Quant au délit ou crime commis en état de somnambulisme, nous ne croyons pas que le délit puisse être imputé à son auteur ; car il n'avait ni l'intention de le commettre, ni assez de discernement pour juger du mérite ou du démérite de son action. Quant aux infractions commises en état de monomanie, nous ne croyons pas qu'elles puissent être imputées à leur auteur ; car la monomanie n'est qu'une espèce de folie.

Pour que le délit soit imputable à son auteur, il faut que celui-ci ait eu l'intention de le commettre. Ainsi le domestique, qui présente à son maître une coupe empoisonnée par un tiers, ne sera nullement coupable ; car il n'avait pas certainement l'intention de commettre un crime. Il faut enfin que l'auteur du délit ait été libre de le commettre, car il n'y a ni crime, ni délit, dit l'article 64 du Code pénal, lorsque l'agent a été contraint par une force à laquelle il n'a pas pu résister.

44

Il n'y ni crime ni délit, lorsque l'homicide était ordonné par la loi et commandé par l'autorité légitime. C'est ainsi, par exemple, qu'un agent du gouvernement ne commet point de délit, si, sur l'ordre de son supérieur, il fait quelque acte attentoire soit à la liberté individuelle, soit aux droits civiques d'un ou de plusieurs citoyens.

Vu.

Strasbourg, le 9 août 1858.

Le Président de la Thèse,

THIERIET.

Permis d'imprimer.

Strasbourg, le 10 août 1858.

Le Recteur de l'Académie,

DELCASSO.

0326
13BA/3208

0 1 4 4 8 6 6 6 7 *